I am pla

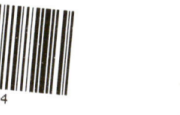

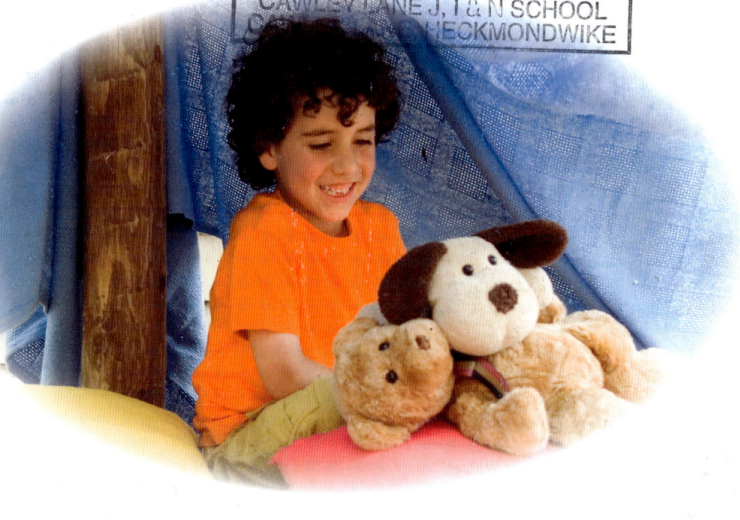

CAWLEY LANE J, I & N SCHOOL
HECKMONDWIKE

I am in the box.

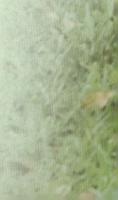

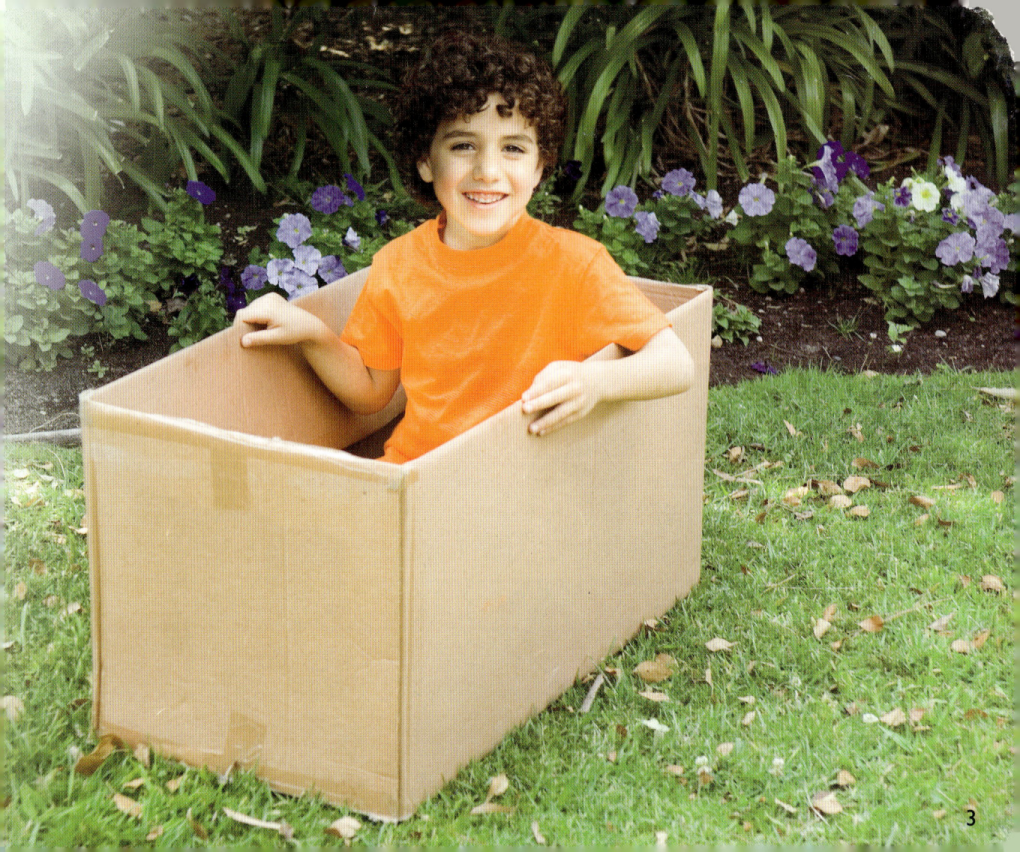

I am in the car.

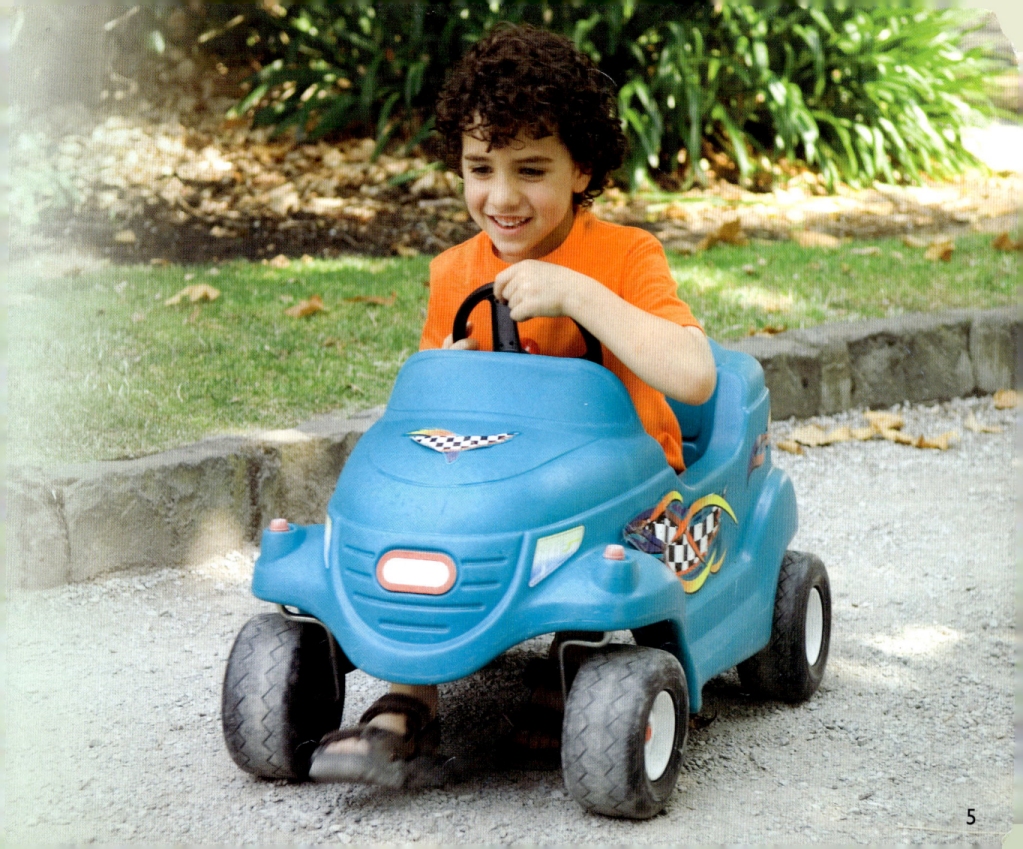

I am in the tent.

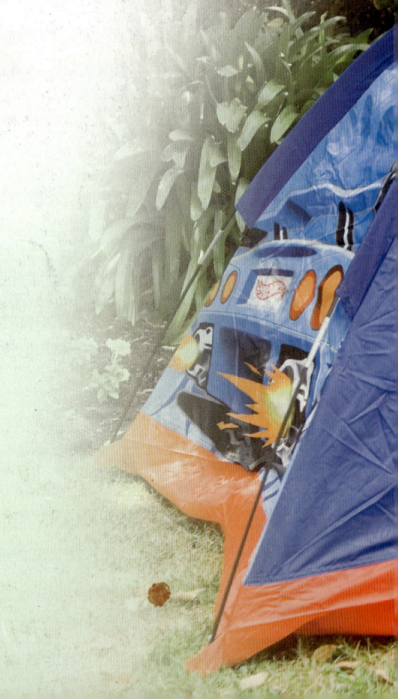

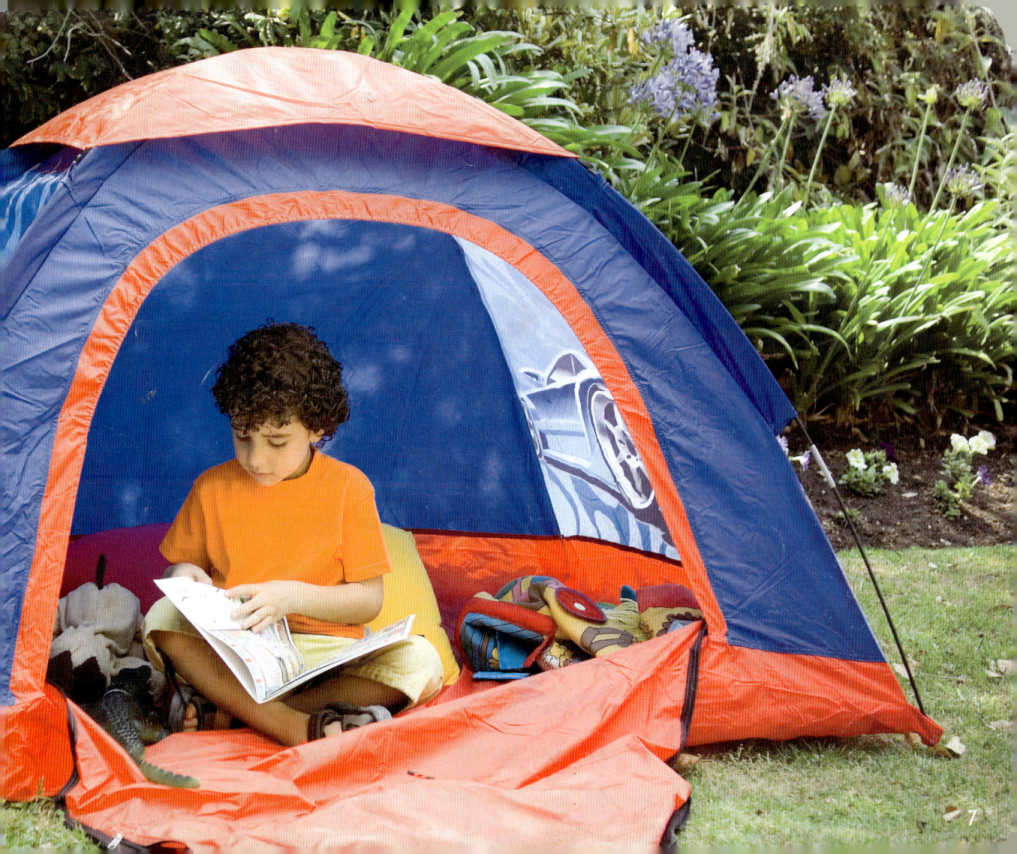

I am in the sandpit.

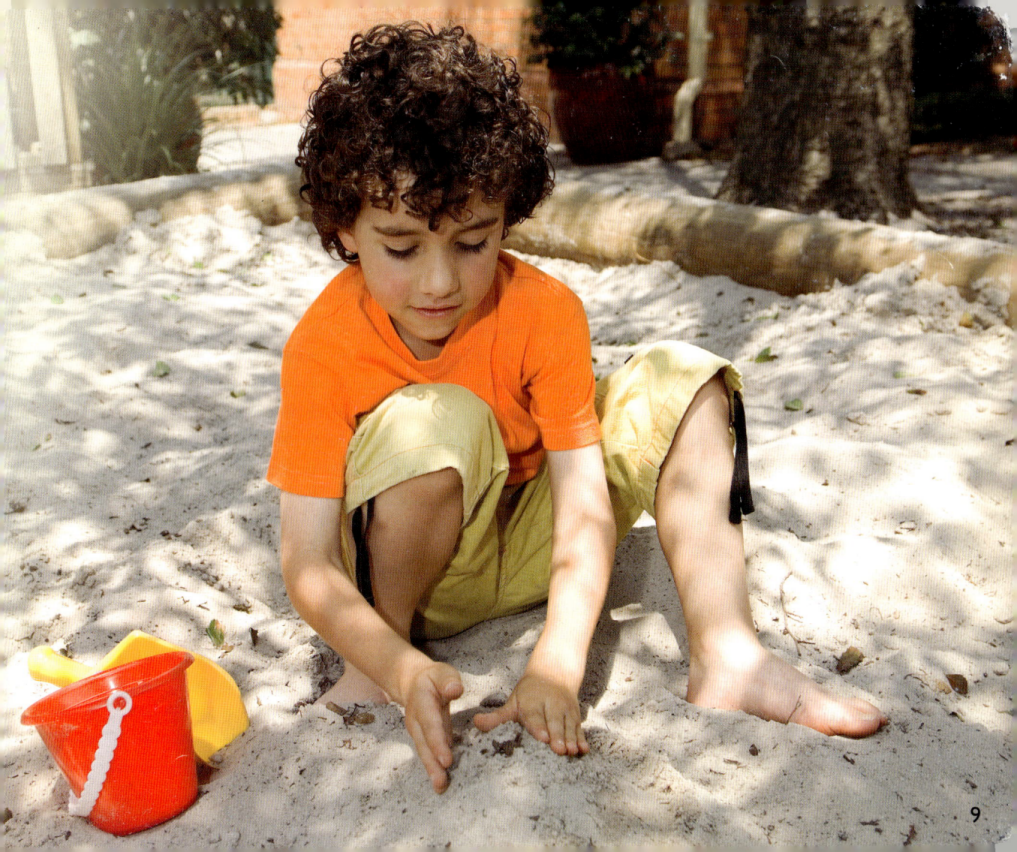

I am in the play house.

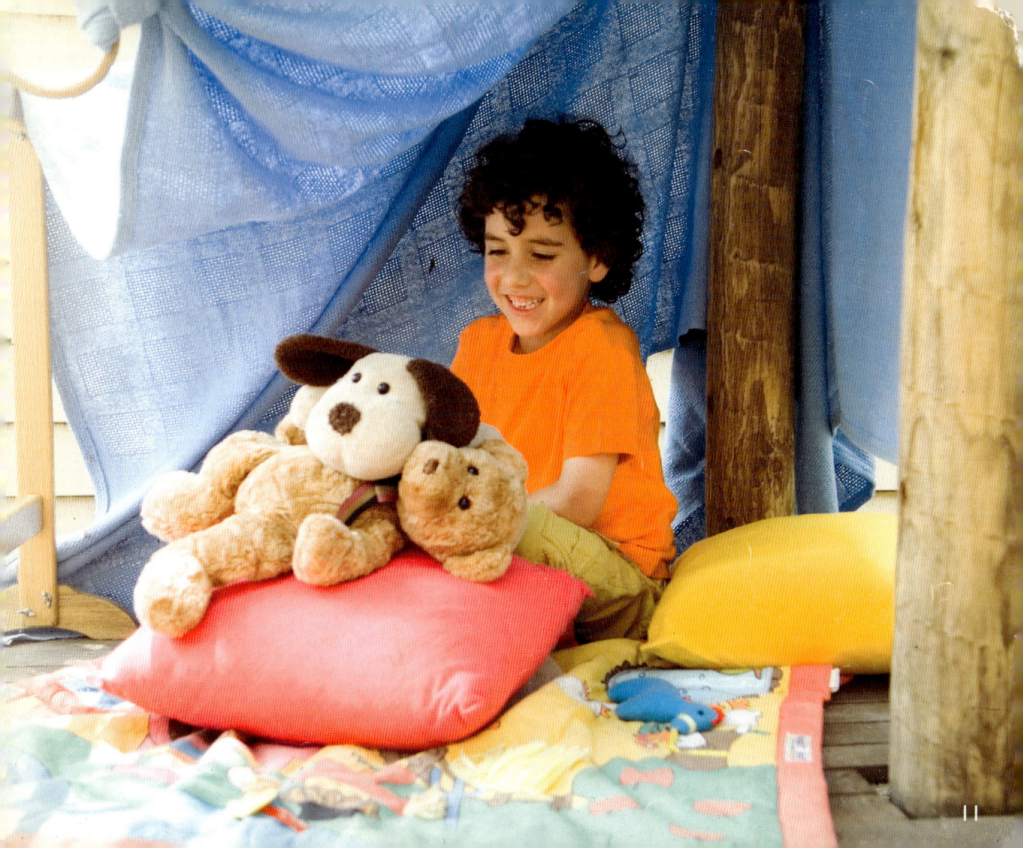

I am in the tunnel.

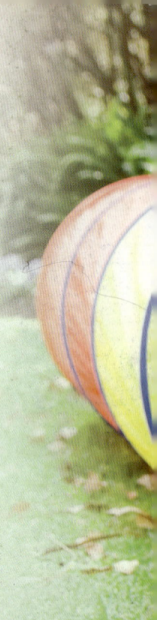

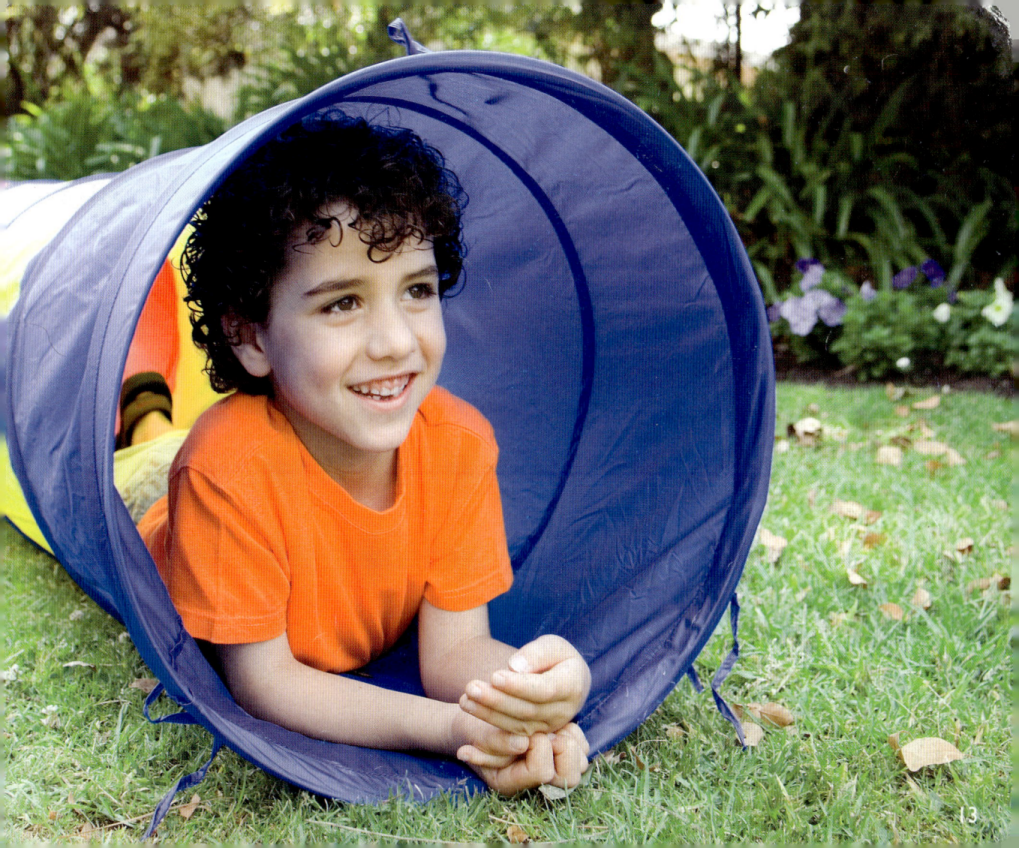

I am in the bath.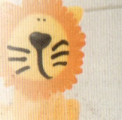

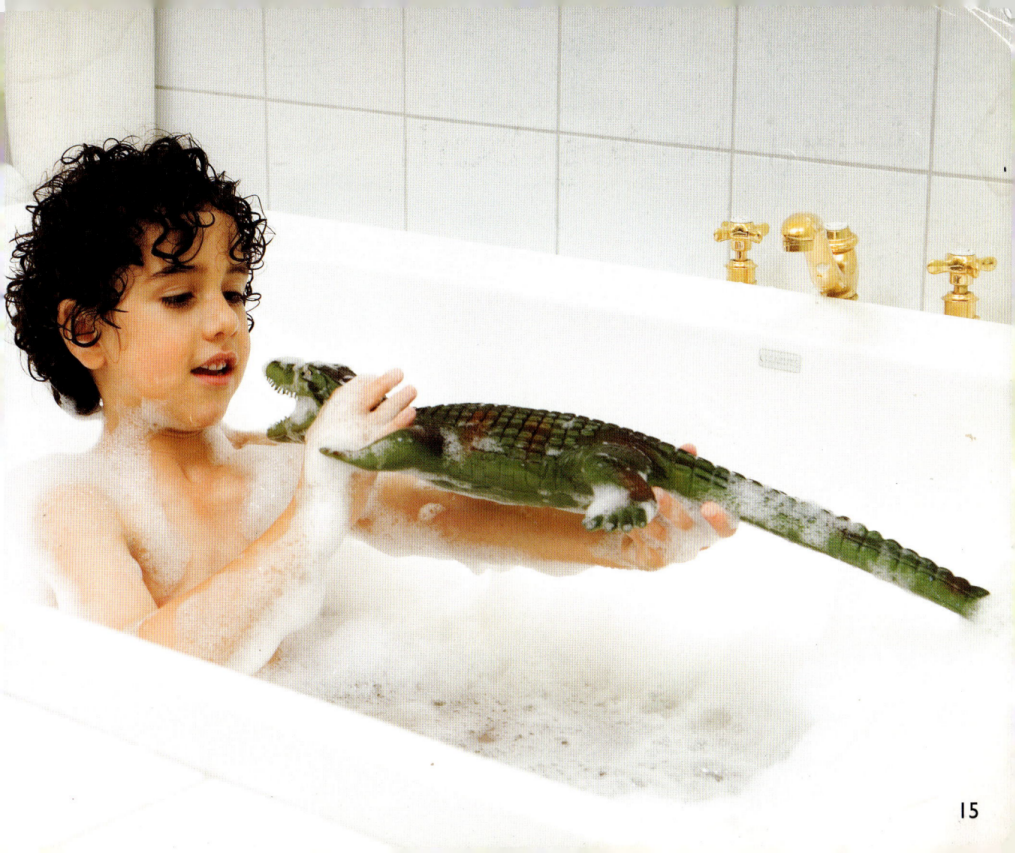

I am in bed.

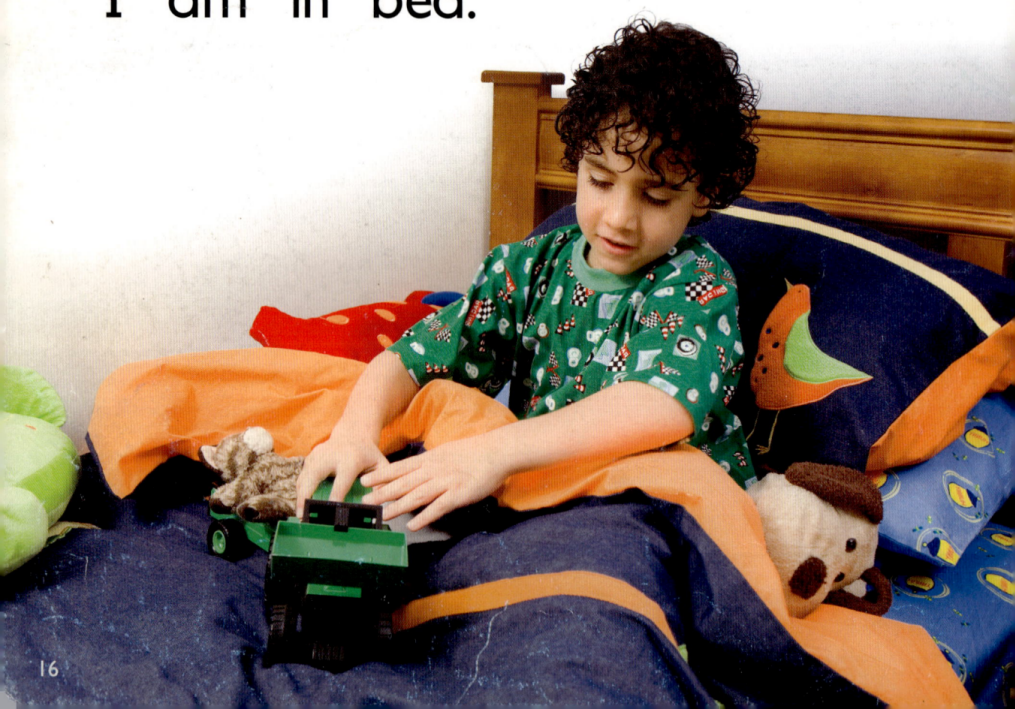